ANALISI DEL LIBRO

AF132001

Nana

• • • • • • • • • • • • • •

Émile Zola

ANALISI DEL LIBRO

Scritto da Pauline Coullet
Tradotto da Sara Rossi

Nana

• •

Émile Zola

ÉMILE ZOLA 5

Scrittore e giornalista francese 5

NANA 6

Seduzione e corruzione sotto il Secondo Impero francese 6

SINTESI 7

Capitolo I 7
Capitolo II 7
Capitolo III 8
Capitolo IV 8
Capitolo V 8
Capitolo VI 9
Capitolo VII 9
Capitolo VIII 9
Capitolo IX 10
Capitolo X 10
Capitolo XI 11
Capitolo XII 11
Capitolo XIII 11
Capitolo XIV 12

STUDIO DEL CARATTERE 13

Nana (Anna Coupeau) 13
La famiglia e la servitù di Nana 14
Conte Muffat 14
Satin 15
Alta società 16

ANALISI 18

Naturalismo 18
Rappresentare mondi diversi 21
Critica sociale 22
Metodi di scrittura 26

ULTERIORI RIFLESSIONI 28

Alcune domande su cui riflettere... 28

ULTERIORI LETTURE 29

Edizione di riferimento 29
Studi di riferimento 29
Adattamenti 29

ÉMILE ZOLA

SCRITTORE E GIORNALISTA FRANCESE

- **Nato a Parigi nel 1840**
- **Morto a Parigi nel 1902**
- **Opere degne di nota:**
  - *L'Assommoir* (1877), romanzo
  - *Il paradiso delle signore* (1883), romanzo
  - *Germinal* (1885), romanzo

Émile Zola è nato nel 1840 ed è morto nel 1902. È considerato uno dei più grandi romanzieri francesi del XIX secolo. Fu anche la figura di spicco del naturalismo, un movimento che cercava di applicare alla letteratura i metodi scientifici sperimentali dell'epoca: dopo aver osservato la realtà, Zola avanzava un'ipotesi e la verificava attraverso la sperimentazione nei suoi libri. Questa estetica è visibile in particolare in *Les Rougon-Macquart*, un ciclo di 20 romanzi che costituisce la sua opera più importante e che riscosse un grande successo, nonostante le numerose critiche.

Zola fu famoso anche per le sue posizioni sociali e politiche, che spesso furono oggetto di condanna. La più nota di queste riguarda l'affare Dreyfus; il suo pamphlet *J'accuse* ("Io accuso") ebbe una grande influenza sulla grazia dell'ufficiale ebreo Alfred Dreyfus (1859-1935).

NANA

SEDUZIONE E CORRUZIONE SOTTO IL SECONDO IMPERO FRANCESE

- **Genere:** romanzo
- **Edizione di riferimento:** Zola, É. (2007) *Nana*. Trans. Rascoe, B. New York: Dover Publications, Inc.
- **1ª edizione:** 1880
- **Temi:** naturalismo, società, prostituzione, Secondo Impero francese, vizi, povertà

Nana è il nono romanzo di *Les Rougon-Macquart*. Ha riscosso un grande successo tra i lettori, anche se è stato giudicato duramente dalla critica perché alcune scene sono state ritenute immorali.

Nana, pubblicato per la prima volta nel 1880, racconta la folgorante ascesa di una prostituta durante il Secondo Impero francese (1852-1870). Questa giovane donna indigente, appartenente alla classe operaia descritta ne *L'Assommoir* (1877), attira l'attenzione degli uomini più distinti di Parigi e causa la rovina di tutti coloro che la inseguono, prima di morire orribilmente sfigurata dal vaiolo.

SINTESI

CAPITOLO I

Sono le 21.00. Uomini importanti della società parigina (Fauchery, giornalista; La Faloise, suo cugino; Steiner, banchiere; il conte Xavier de Vandeuvres; il conte Muffat, ciambellano di Napoleone III, insieme alla moglie e al suocero, il marchese di Chouard; Labordette) e donne della borghesia si trovano al Teatro di Varietà per vedere una nuova star di nome Nana, che si esibisce nella prima serata della parodia mitologica "Venere bionda".

La diciottenne Anna Coupeau, soprannominata Nana, appare nel ruolo di Venere con indosso quasi nulla. Si rivela un'attrice mediocre e una pessima cantante. Tuttavia, riesce ad affascinare tutti gli uomini e le donne del pubblico, che alla fine della commedia fanno il tifo per lei.

CAPITOLO II

Il giorno seguente, nel suo appartamento pagato da uno degli uomini con cui è andata a letto, Nana, che è già una cortigiana, e Zoé, la sua cameriera, sono al lavoro per gestire la sua fitta agenda: gli uomini che entrano ed escono dal suo appartamento non devono mai incontrarsi tra loro. Nana ha un figlio di 2 anni, Louis, che vive in un villaggio con la sua balia. Oltre agli ospiti abituali, altri ammiratori, abbagliati dalla sua esibizione del giorno precedente, accorrono a farle visita. Tra questi, il conte Muffat (che tuttavia è un uomo molto pio), suo suocero, il marchese de Chouard, e George Hugon, che non è molto più che un ragazzo.

CAPITOLO III

Ogni martedì, la contessa Sabine, moglie di Muffat, invita a casa sua i personaggi più illustri di Parigi. Questa settimana sono presenti gli spettatori della prima serata della "Venere bionda". Pur con discrezione, questi uomini non parlano d'altro che della festa che Nana darà la sera successiva. Sono più curiosi di sapere chi ci sarà che preoccupati per il clima politico teso causato da Bismarck (statista tedesco, 1815-1898).

CAPITOLO IV

La cena di Nana, che alla fine si trasforma in un ridicolo pasticcio a causa del caldo e dell'alcol, riunisce persone provenienti da mondi molto diversi: uomini "rispettabili" si mescolano ad attrici e cortigiane. Nana si rende conto dell'assenza del conte Muffat.

CAPITOLO V

Gli spettacoli della "Venere bionda" vanno bene e un principe visita il palco di Nana. Inoltre, l'attrice riesce a sedurre Muffat. Il conte è talmente trasportato dall'atmosfera e dalle attrici poco vestite che dimentica completamente il decoro e bacia Nana. Ciononostante, la ragazza torna a casa con il principe.

CAPITOLO VI

Grazie alla sua relazione con il banchiere Steiner (che ha lasciato l'attrice Rose Mignon per lei), Nana, ormai famosa, riceve una casa di campagna vicino a Les Fondettes, la tenuta di Madame Hugon. Madame Hugon, che non si fida di Nana, vi soggiorna con il figlio George e invita le sue amiche parigine. Allettati dal fatto che questo invito permetterà loro di stare vicino a Nana, gli amici accettano. L'attrice inizia una relazione con George Hugon. Allo stesso tempo, Muffat, ormai ossessionato dall'attrice, la osserva e la segue costantemente. I suoi sforzi vengono ripagati: finisce per passare la notte con lei.

CAPITOLO VII

La relazione di Muffat con la cortigiana continua, anche se Nana non è particolarmente interessata a lui. Un articolo di Fauchery le affibbia il soprannome di "mosca d'oro" (p. 151) e afferma che è emersa dai bassifondi e che corrompe chiunque entri in contatto con lei. Muffat legge l'articolo a Nana, che preferisce guardare il suo corpo nudo allo specchio. Parlano di donne e di amore e finiscono per litigare. Nana gli suggerisce che sua moglie ha una relazione con Fauchery.

CAPITOLO VIII

I creditori di Nana la osservano da vicino, poiché ha perso denaro in seguito alla recente separazione da Muffat. Nel frattempo, si è innamorata di Fontan, un collega attore del Teatro di Varietà. I due si trasferiscono a Montmartre insieme al figlio di Nana, Louis. La loro relazione si deteriora rapidamente: Fontan la picchia e la costringe a prostituirsi per pagare le spese di casa. Nana si avvicina a Satin, un'amica d'infanzia che incontra per strada e che si unisce a lei per diventare una prostituta. Tra loro nasce un'amicizia affettuosa, ma un giorno Satin viene arrestata durante una retata.

Rose Mignon, rivale di Nana, diventa l'amante di Muffat, dopo essere stata in precedenza l'amante di Fauchery.

CAPITOLO IX

Nana torna dalla sua cameriera e rinnova la sua relazione con il conte Muffat, che le fa ottenere il ruolo di gran dama al Teatro di Varietà. Allo stesso tempo, le promette di procurarle una villa. Pur essendo pienamente consapevole che la relazione con Nana è negativa per la sua posizione sociale, rimane completamente ossessionato da lei. Nessuno è convinto del suo nuovo ruolo e lo spettacolo è un fallimento.

CAPITOLO X

Vivendo ora in alloggi lussuosi e sostenuta economicamente da Muffat, Nana promette di essergli fedele, anche se continua a ricevere altri uomini, tra cui Vandeuvres e i fratelli Hugon. Non tarda a derubarli del loro denaro. Nana si innamora di Satin e la trasferisce nel suo alloggio. Durante un pasto, le due donne parlano delle loro origini. Vandeuvres è rovinato, ma pensa di recuperare i suoi soldi con un cavallo che sta allenando per una corsa. Chiama questo cavallo, che è un outsider, Nana.

CAPITOLO XI

Alla corsa dei cavalli, a cui partecipano tutti gli abitanti di Parigi, vince il cavallo Nana. In mezzo a scommettitori, fantini e proprietari, si festeggia sia il trionfo del cavallo che quello di Nana, più elegante e ammirata che mai. Allo stesso tempo, Vandeuvres viene scoperto a barare. È rovinato e si chiude nella sua scuderia prima di darle fuoco.

CAPITOLO XII

Nana chiede sempre di più a Muffat, ma continua a ricevere altrettanti uomini. La sua famiglia è in totale disordine.

Organizza il matrimonio di Daguenet, uno dei suoi ex amanti, con Estelle, la figlia dei Muffat. Alla festa di fidanzamento, i due mondi delle cortigiane e dell'alta società si mescolano nuovamente. Muffat trova una lettera di sua moglie a Fauchery e non può più sfuggire al fatto che lei lo tradisce.

CAPITOLO XIII

Una mattina, Muffat si imbatte in Nana e George Hugon. Poche ore dopo, dopo aver saputo della relazione tra Nana e Philippe Hugon, suo fratello, George le chiede di sposarlo. Quando lei rifiuta, lui si suicida, mentre suo fratello Philippe, che rubava per mantenere la cortigiana, viene catturato e mandato in prigione.

A causa della sua noia, Nana ha un numero crescente di avventure con uomini ricchi e poveri, e rovina tutti quelli che hanno a che fare con lei. Muffat, che chiude un occhio sui

suoi numerosi amanti e sopporta umiliazioni e cattivi tratta-
menti, non se la passa meglio. Tuttavia, quando sorprende
l'attrice con il suocero, il marchese di Chouard, la lascia. Si
rimprovera allora di essersi abbassato a tanto e cerca rifugio
nella religione. Anche Zoé, che è stata la cameriera di Nana
fin dall'inizio, lascia il suo datore di lavoro e Satin muore in
ospedale.

CAPITOLO XIV

Disgustata, Nana vende tutti i suoi beni e scompare. Quando
torna, apparentemente molto ricca dopo aver trascorso un
periodo in Russia, è per stare accanto a Louis che muore di
vaiolo. Anche lei si ammala e muore sfigurata in una stanza
d'albergo circondata da cortigiane, tra cui Rose Mignon, che
ora è dalla sua parte. Fuori, davanti al conte Muffat sconvolto,
le grida della folla annunciano la guerra franco-prussiana,
che si concluderà con una sconfitta per i francesi.

 ## IL SECONDO IMPERO FRANCESE

Il Secondo Impero francese fu un regime guidato da
Napoleone III (1808-1873) tra il 1852 e il 1870, dopo un colpo
di Stato nel 1851. Napoleone III impose un regime autoritario che limitava le libertà individuali e avviò la Francia verso
l'industrializzazione e il capitalismo. In politica estera, l'im-
peratore ruppe diverse alleanze e in particolare entrò in
guerra contro la Prussia nel 1870.

STUDIO DEL CARATTERE

NANA (ANNA COUPEAU)

Nana è la figlia di Gervaise Macquart e Coupeau, protagonisti de *L'Assommoir*, in cui compare anche. Dopo essersi lasciata alle spalle le sue origini povere e il suo lavoro di fioraia presso la zia, diventa una prostituta d'alto borgo: si fa mantenere economicamente dai suoi amanti e conduce una vita disdicevole. Allo stesso tempo, intraprende una carriera di successo come attrice, nonostante la sua evidente mancanza di talento, perché gli uomini sono affascinati da lei. Fin da bambina, Nana era consapevole del potere che aveva sugli uomini: il vizio faceva parte del suo carattere.

Durante la storia, ha 18 anni e ha già un figlio, anche se non se ne occupa lei stessa. È grassottella, con la pelle bianchissima e i capelli biondi lunghi fino alla vita. Emana una sensualità quasi animalesca.

Nana non è molto intelligente. Viene descritta come una "ragazza di buon carattere" (p. 253) ed è molto consapevole della sua bellezza: passa ore a guardare il suo corpo nudo allo specchio. Vuole far parte dell'alta società e ci riesce attraverso le sue relazioni con uomini di questa classe, che rovina con le sue richieste materialistiche e che in genere tratta con disprezzo. Seminando il disordine ai livelli più alti della società, si vendica inconsciamente dei suoi genitori e della loro povertà.

Ci sono molti lati di Nana:

- viene paragonata a una serie di animali, tra cui un gatto, un cavallo e, nell'articolo di Fauchery, una mosca;

- è anche come una strega, perché gli uomini cadono sotto il suo incantesimo;

- assume un carattere mitologico e pagano quando interpreta Venere.

È un simbolo della decadenza dell'Impero e si rovina gradualmente prima di morire sfigurata dal vaiolo.

LA FAMIGLIA E LA SERVITÙ DI NANA

Sua zia, Madame Lerat, le ha dato il suo primo lavoro come fiorista. È sempre più che felice di aiutarla in cambio di denaro. È lei che si occupa di Louis, il figlio di Nana.

Louis è un bambino dalla salute fragile. Muore di vaiolo poco prima della madre.

Zoé, la sua domestica, le è molto fedele. Le dà buoni consigli e, per un certo periodo, le risparmia molti problemi prima che la casa di Nana precipiti nel caos. A quel punto, anche i domestici perdono il loro rispetto per lei. Poco prima della morte di Satin, Zoé torna al bordello dove Nana ha iniziato a fare la cortigiana.

CONTE MUFFAT

Questo ciambellano di Napoleone III è un uomo brutto e, all'inizio del romanzo, si dimostra molto morale e pio. Scopre tardi la sua sessualità e cade tra le braccia di Nana quando non riesce più a contenere le sue pulsioni. Tuttavia, se ne vergogna profondamente. Subisce l'incantesimo di Nana e cede a tutti i suoi capricci, siano essi materiali, sentimentali o sessuali. Quando la sorprende con il suocero, il marchese di Chouard, la lascia. Tuttavia, è sconvolto dalla morte di Nana.

La moglie Sabine, che ha circa 30 anni, segue lo stesso percorso: inizialmente è moralmente irreprensibile e appare secca e fredda, ma poi si fa un amante, Fauchery, e spende cifre esorbitanti.

Il conte Muffat e Sabine si lasciano trascinare da Nana e, nella loro caduta, trascinano con sé l'intera classe sociale. Essi rappresentano la società del Secondo Impero che Zola voleva criticare.

SATIN

Satin è una delle amiche d'infanzia di Nana che ora è diventata una prostituta. Le due giovani donne si sono conosciute a scuola. È giovane e bella, ma non parla in modo molto sofisticato. È una "passeggiatrice" (p. 19). Nana la incontra di nuovo quando torna in strada, dopo la rottura della relazione con Fontan. Satin occupa gradualmente un posto importante nella vita della giovane cortigiana e la introduce nella società lesbica dell'epoca. Le due donne si avvicinano in modo impressionante e condividono un'appassionata relazione sentimentale. Nana mette il loro amore al di sopra di ogni altro, perché non è motivato dal denaro. Le piace anche il fatto che la loro relazione omosessuale sia provocatoria.

Satin si trasferisce rapidamente nell'appartamento di Nana e diventa la prova della libertà della cortigiana, che la mette in mostra davanti ai suoi amanti. Tuttavia, è Satin ad avere il sopravvento in questa relazione: "Aveva finito per ottenere la completa padronanza su Nana, che la rispettava" (p. 307).

Alla fine del romanzo Satin si ammala gravemente. Prima di lasciare Parigi, Nana va a trovarla un'ultima volta:

> *"Vado in ospedale. Nessuno mi ha mai amato come lei. Ah! Si ha ragione ad accusare gli uomini di non avere un cuore! Chi lo sa? Forse è già morta. In ogni caso, chiederò di vederla. Devo baciarla ancora una volta" (p. 322).*

ALTA SOCIETÀ

Sebbene questi personaggi facciano parte dell'alta società e siano considerati rispettabili, non si comportano meglio delle classi inferiori. Prendono amanti, a cui danno soldi, e perdono il senso della moralità. Tutti hanno relazioni con Nana, che poi le rovina:

- Steiner, il vecchio e grasso banchiere, ha una relazione con Rose Mignon, con il consenso del marito.

- Fauchery, giornalista, diventa l'amante di Rose Mignon e poi di Sabine Muffat.

- Vandeuvres diventa un truffatore e si suicida.

- George Hugon, un giovane a cui Nana è forse un po' più legata, si suicida quando la cortigiana rifiuta di sposarlo.

- Philippe Hugon, fratello di George, ruba per mantenere Nana e viene mandato in prigione.

- Daguenet, amante di Nana all'inizio del romanzo, sposa la figlia di Muffat grazie all'influenza della cortigiana sul conte. Il giorno del suo matrimonio con Estelle Muffat, si offre per la prima volta a Nana.

In breve, tutti questi uomini hanno un'unica idea in mente: trarre il massimo dalla vita attraverso un comportamento completamente amorale.

ANALISI

NATURALISMO

Il metodo di Zola

Zola ha scritto 20 romanzi che fanno parte del ciclo *Les Rougon-Macquart*, sottotitolato *Storia naturale e sociale di una famiglia sotto il Secondo Impero*. Ma cosa intende per "naturale"?

Questa idea è legata al fatto che Zola fu la figura di spicco del naturalismo, un movimento letterario che si opponeva al romanticismo e faceva parte della corrente più ampia del realismo. La scuola naturalista si basava sul determinismo, una nozione che indica tutte le cause e le condizioni necessarie a formare una persona. Il determinismo si basa quindi su un rapporto di causa ed effetto: la personalità di un individuo dipende dalle sue esperienze precedenti. Il naturalismo mirava a dimostrare "l'obbedienza dell'uomo a un doppio determinismo: l'ereditarietà biologica e l'influenza ambientale" (Alluin, 1998: 144). I due elementi essenziali dell'approccio naturalista sono quindi l'uomo e il suo ambiente.

Partendo da questa premessa, Zola applica alla letteratura un metodo scientifico, ispirato al fisiologo Claude Bernard (1813-1878): l'autore prima osserva, poi avanza un'ipotesi e la verifica attraverso la sperimentazione. Attraverso la narrazione, Zola inserisce un determinato personaggio in una storia ben precisa e mette in scena una serie di eventi che obbediscono al suddetto doppio determinismo. Questo approccio, che pretende di essere scientifico, dovrebbe portare a una migliore comprensione dell'uomo.

Il determinismo in *Nana*

Da un punto di vista naturalistico, Nana, che proviene da una famiglia di alcolisti ed è spinta in un ambiente amorale, non può che fare una fine tragica.

Infatti, nel ciclo de *Les Rougon-Macquart*, Zola sviluppa un albero genealogico completo attraverso diversi romanzi per dimostrare l'importanza della genetica e dell'ambiente sociale nello sviluppo degli individui. In questo modo, tutti i protagonisti del ciclo portano in sé i geni corrotti di Adélaïde Fouque, alla radice dell'albero, che soffriva di follia. Adélaïde ebbe figli da due relazioni: il primo, figlio dell'onesto Rougon, divenne un uomo intelligente e assetato di potere e denaro. Tutta, o quasi, la linea dei Rougon è segnata dall'ambizione e dalla manipolazione. Al contrario, i figli della seconda relazione extraconiugale di Adélaïde, con il cafone Macquart, si rivelano alcolizzati e pigri come il padre. È il caso di Antoine, che ha diversi figli, tra cui Gervaise, la madre di Nana. Gervaise, la protagonista de *L'Assommoir*, forma una coppia infelice con Coupeau, che, come lei, è un alcolizzato.

 ## L'ASSOMMOIR DI ZOLA

L'Assommoir, pubblicato per la prima volta nel 1877, è il settimo romanzo del ciclo dei *Rougon-Macquart*. Alla sua prima pubblicazione risultò controverso perché è completamente dedicato al mondo delle classi operaie: il linguaggio può quindi essere grossolano e il romanzo ritrae soprattutto la povertà e l'alcolismo di questo ambiente.

Il libro racconta la vita di Gervaise Macquart in un quartiere popolare di Parigi con il suo amante e i loro due figli. Lavora come lavandaia quando il suo compagno la lascia. Bella e coraggiosa, sposa un conciatetti, Coupeau. La coppia gode di un certo benessere. In seguito lei dà alla luce Nana. Tuttavia, la loro felicità è di breve durata: il marito inizia a frequentare «l'Assommoir», un covo di vizi dove l'alcol scorre a fiumi, e dove Gervaise finisce per seguirlo. Il declino della coppia continua per tutto il libro, dal tugurio in cui vivono alla discesa di Gervaise nella prostituzione.

Per questo motivo, l'ascendenza pietosa di Nana è fondamentale per analizzare il suo carattere e il suo comportamento. Nel suo articolo "La mosca d'oro", Fauchery descrive la sua personalità come una funzione dell'ereditarietà. È "nata da quattro o cinque generazioni di ubriaconi, il suo sangue è stato contaminato da una lunga successione di miseria e di bevute che, in lei, si sono trasformate in un decadimento nervoso del suo sesso" (p. 151). In base alla logica dell'ereditarietà, Nana è spinta al vizio e alla perversione dal "decadimento nervoso" che i suoi geni provocano in lei.

Dietro l'articolo di Fauchery, Zola analizza anche il suo condizionamento sociale:

> *"Era germogliata sul selciato di uno dei sobborghi parigini; e, alta, bella, di carne superba, come una pianta che cresce su un letamaio, vendicò i furfanti e i vagabondi da cui era nata. Con lei, la putrefazione che era stata lasciata fermentare tra il popolo, salì e inquinò l'aristocrazia" (ibid.).*

Il suo carattere è quindi la diretta conseguenza di un ambiente sociale misero, malsano e in decomposizione. La povertà, come l'ereditarietà, è rappresentata come una spietata inevitabilità per Nana.

In quanto tale, la cortigiana è destinata, senza volerlo, a corrompere Parigi e a gettarla nello scompiglio attraverso la sua sessualità. Il conte Muffat ne è pienamente consapevole:

> "In tre mesi lei aveva corrotto la sua vita, lui si sentiva già contaminato fino al midollo da un abominio che lui stesso non avrebbe mai sognato. In quell'ora tutto cominciava ad incancrenirsi dentro di lui. Per un istante fu consapevole dei risultati del peccato, vide la disorganizzazione provocata da questo fermento, se stesso avvelenato, la sua famiglia distrutta, un angolo della società che si incrinava e cadeva in rovina" (p. 152).

Nana non si limita a sopportare il suo determinismo ereditario e sociale, ma fa soffrire anche gli altri a causa di esso. È destinata a corrompere tutto ciò che la circonda: gli uomini e la stessa società borghese.

RAPPRESENTARE MONDI DIVERSI

Prima di scrivere i suoi romanzi, Zola raccolse un'enorme quantità di informazioni e svolse un periodo di osservazione intensiva per ritrarre un mondo diverso in ogni romanzo del ciclo *Les Rougon-Macquart.* In Nana vengono rappresentati due mondi:

- **Il teatro.** Avendo trascorso diversi giorni in un teatro, Zola ne offre una rappresentazione completa e dettagliata: descrive il palcoscenico, le quinte, i palchi delle classi superiori, il luogo in cui vengono conservate le scenografie, i palchetti, la porta del palcoscenico, i tre gasalier, le prove, la preparazione degli attori e persino gli odori.

- **La prostituzione.** Si trattava di un'industria a tutti gli effetti sotto il Secondo Impero e *Nana* ne fornisce uno spaccato completo (dalla donna di strada alla ricca cortigiana). In questo romanzo, viene ritratta come il riflesso di una società e di un regime corrotto. La prostituzione è in piena espansione solo perché le classi alte sono disposte a lasciarsi corrompere. Zola aveva anche visitato la casa di una maitresse, prendendo nota dei minimi gesti compiuti, ad esempio mentre le ragazze si truccavano.

CRITICA SOCIALE

Devianza

Zola ambienta la sua storia nelle case dell'alta borghesia parigina del Secondo Impero, tra sfarzo e ricchezza, per studiare i tabù di un mondo apparentemente puro ma in realtà pieno di vizi e contraddizioni. Nelle sue note sul romanzo, descrive *Nana* in termini grossolani come uno studio del desiderio maschile: secondo lui, gli uomini sono mossi esclusivamente dalla lussuria e vanno a caccia di donne che li manipolano cinicamente.

In *Nana* studia quindi una ragazza dai costumi dissoluti in un'epoca in cui la prostituzione, pur presente, era un tabù. La decisione di Zola di farne l'argomento del suo romanzo non è dovuta al desiderio di provocare, ma, al contrario, di esaminare questo fenomeno in modo minuzioso: egli fa di Nana una sorta di cavia per determinare le cause e le conseguenze di questo comportamento deviante. L'opera di Zola è quindi una sorta di laboratorio in cui vengono analizzati i personaggi e il loro sviluppo.

Nana è ancora più provocante perché è bisessuale. Questa era una forma di "devianza" scioccante nel XIX secolo, e Zola la evoca in modo molto più sottile rispetto alla prostituzione, attraverso allusioni e accenni. Nel romanzo ci sono solo una decina di passaggi che ne parlano e le parole "omosessualità" e "omosessuale" non vengono mai usate. Questo tema è tuttavia chiaramente visibile fin dall'inizio del romanzo, quando Fauchery e Vandeuvres discutono di cene a casa di Laure Piédefer:

> *"Poi entrambi ridacchiarono e i loro occhi scintillarono mentre si raccontavano i diversi dettagli del locale in Rue des Martyrs, dove la grassa Laure Piédefer, per tre franchi a testa, offriva la cena alle signore più sfortunate. Era un buco sporco! Tutte le donnine baciavano Laure sulla bocca" (p. 53).*

Inoltre, il mondo lesbico è quasi sempre evocato attraverso un bacio, l'unico dettaglio consentito per suggerire relazioni fisiche.

Nana si orienta abbastanza presto verso l'omosessualità. Il primo campanello d'allarme è la femminilità del suo amante George Hugon, che viene rappresentato come un personaggio androgino con "occhi luminosi e riccioli chiari, che sembra una ragazza travestita da ragazzo" (p. 50). Nana è conquistata dalla sua fragilità. Arriva persino a vestirlo da ragazza:

> *"Oh, l'amore! Come è bello come una donna!" Si era semplicemente messo una lunga camicia da notte, un paio di mutande ricamate e una vestaglia di camoscio ornata di pizzo. Con quegli abiti sembrava una ragazza, con le belle braccia scoperte e i capelli chiari, ancora bagnati, che gli ricadevano sul collo" (p. 122).*

L'affermazione del suo amore lesbico per Satin segna l'inizio della sua caduta.

Infatti, nonostante il desiderio di Zola di preservare un certo grado di neutralità, che è insito nel naturalismo (egli ritrae le peculiarità di una società ma, il più delle volte, non esprime alcun giudizio di valore come narratore), definisce la relazione tra Satin e Nana come perversa. Quando Nana è al massimo del suo splendore (è un'attrice di successo ed è l'amante di uomini altolocati), la sua vita crolla quando inizia a passare del tempo con Satin. Ad esempio, è costretta a fuggire dalla polizia mentre è a letto con il suo amante. La Venere dell'inizio del romanzo si ritrova "tremante e quasi morta di paura. I suoi piedi nudi sanguinavano per i graffi causati dal filo di ferro" (p. 195). Viene persino descritta come una "piccola sgualdrina" (p. 205).

La caduta dell'Impero

La caduta di Nana può essere vista come un simbolo del declino del Secondo Impero. Sebbene provenga dalla classe operaia, il suo ingresso nella società l'ha posta dalla parte dell'Impero. Si vede dalla parte dell'Impero piuttosto che del popolo e accetta pienamente il cambiamento del suo status:

> "Poi la conversazione si spostò sui problemi che agitavano Parigi – sugli articoli di giornale incendiari, sui tentativi di sommossa che seguivano le chiamate alle armi enunciate ogni sera nelle riunioni pubbliche – e lei sfogò la sua ira sui repubblicani. Che cosa volevano, quegli sporcaccioni che non si lavavano mai? Non erano tutti felici? L'Imperatore non aveva fatto tutto per il popolo? Che razza di porci, questa gente! Lei li conosceva, poteva parlare di loro" (p. 236).

Accanto al declino dell'eroina, il lettore assiste al declino del regime politico: Zola allude a più riprese agli sconvolgimenti della Parigi dell'epoca. Il romanzo è ambientato poco prima della guerra franco-prussiana del 1870, che segnò la fine del Secondo Impero.

La morte di Nana è annunciata dalla malattia di Satin, per la quale la giovane donna "sta ormai morendo gradualmente all'ospedale Lariboisière" (p. 320). Nana scompare poi per mesi prima di tornare con il vaiolo. La sua decomposizione fisica segue così quella morale: finisce la sua vita come "un ammasso di materia e di sangue, una spallata di carne putrida, buttata lì sul cuscino" (p. 334). Muore mentre la gente nella strada fuori grida "A Berlino! A Berlino! A Berlino!" (p. 331), annunciando la guerra franco-prussiana. La morte di Nana coincide quindi con la caduta del regime. Nella sua decadenza, Nana personifica il Secondo Impero: rappresenta il declino di un regime contaminato che ha provocato la propria caduta (il Secondo Impero è stato segnato dal colpo di Stato di Napoleone III, dalla speculazione incontrollata, dalla lotta di classe e dalla depravazione morale).

Tuttavia, la cortigiana non va a fondo da sola. Infatti, Nana inquina la società già corrotta che l'ha messa al mondo. Senza decidere consapevolmente di farlo, vendica i suoi genitori seminando caos e rovina. Porta il disordine nell'alta società e distorce i significati sociali: le cortigiane vanno alle stesse corse di cavalli di Napoleone III e le prostitute partecipano alla festa di fidanzamento di una contessa. In questo romanzo, l'intera società del Secondo Impero viene corrotta. Nana contagia l'alta borghesia e la sua depravazione morale è contagiosa. L'autore critica il governo autoritario e diseguale, che promette grandi fortune a pochi eletti da una parte e povertà assoluta per la maggioranza. Come illustrano i paralleli tra i due, l'alta società non riesce a preservare i propri valori proprio come il Secondo Impero non riesce a regnare.

Questo disordine sociale ha quindi un esito terribile: la guerra franco-prussiana e le innumerevoli morti che ne derivano.

METODI DI SCRITTURA

Con una preoccupazione per l'oggettività tipica del naturalismo, la scrittura di Zola è caratterizzata da una serie di caratteristiche:

- **Discorso indiretto libero, che scandisce la narrazione.** La voce del narratore si fonde con quella del personaggio, come nel caso di questo intervento di Zoé:

    "Poiché madame si degnava di parlarle dei suoi affari, si prendeva la libertà di esprimere la sua opinione. Prima di tutto, però, non poteva fare a meno di dire che amava moltissimo madame; era per questo motivo che aveva lasciato madame Blanche, e Dio sapeva che madame Blanche stava facendo di tutto per farla tornare da lei!" (p. 26).

    In questo estratto è Zoé a parlare. Zola avrebbe potuto tranquillamente scrivere "Zoe disse che amava molto madame…" in un discorso riportato. Eliminando il verbo introduttivo, la voce del narratore si fonde con quella di Zoé.

- **Punti di vista multipli.** La realtà viene rappresentata attraverso gli occhi di più personaggi, dando al lettore una rappresentazione più completa della società descritta. Ad esempio, intorno al letto di morte di Nana, alla vigilia della guerra franco-prussiana, le cortigiane hanno opinioni diverse:

> *"[...] Sì, se me lo permettessero, mi vestirei da uomo e andrei a sparare a quei porci prussiani! [...] 'Non parlare contro i prussiani! Sono uomini come gli altri, e non vanno a disturbare le donne come i vostri francesi'"* (p. 331).

Un tipo di descrizione che non è legata alla preoccupazione di Zola per l'oggettività si presenta comunque in più occasioni: le folle indifferenziate. All'interno di questi gruppi, l'individuo viene cancellato a favore di un potere collettivo rafforzato. Qui Zola va oltre il realismo, optando invece per una sorta di ingrandimento epico. La descrizione della folla che grida "A Berlino!" ne è un buon esempio:

> *"Le torce continuavano a passare, gettando fiotti di fuoco intorno; in lontananza le varie bande, rannicchiate nell'oscurità, sembravano greggi di pecore condotte di notte al macello; e tutta quella vertigine, quelle masse confuse che si sollevavano come l'oceano, esalavano un terrore, una grande pietà per i massacri a venire"* (ibid.).

Questa descrizione epica prefigura la clamorosa caduta dell'Impero, un momento cruciale della storia e del romanzo.

Nana è quindi un romanzo dalle mille sfaccettature, poiché non ritrae solo un'eroina depravata, ma anche un mondo contaminato e un regime corrotto.

Tre anni prima, *L'Assommoir* aveva segnato una svolta nella vita di Zola: la sua pubblicazione era stata controversa a causa del suo argomento, ritenuto volgare e scioccante. Ciò non impedì al libro di avere un grande successo. Con *Nana*, Zola si è nuovamente esposto allo scandalo. In particolare, furono criticati il linguaggio volgare e i personaggi. Tuttavia, i contemporanei di Zola, Flaubert, Huysmans e Maupassant, ne manifestarono l'entusiasmo. Per questo motivo, nonostante si sia rivelato un romanzo divisivo, *Nana* è stata e continua ad essere un'opera letteraria di grande successo.

ULTERIORI RIFLESSIONI

ALCUNE DOMANDE SU CUI RIFLETTERE...

- Nel suo articolo, Fauchery soprannomina Nana la "mosca d'oro". Spieghi questo soprannome.

- Dopo che Vandeuvres chiama il suo cavallo "Nana", la giovane donna viene paragonata all'animale. Spiegate il significato e lo scopo di questo paragone.

- Quali classi sociali sono rappresentate in questo romanzo? Alcune di esse sono più morali di altre? Giustificate la vostra risposta.

- Quali valori difendono Nana e gli altri personaggi?

- L'obiettivo di Zola è conoscere meglio l'umanità. Che cosa ha imparato sul genere umano leggendo il romanzo?

- Utilizzate *Nana* per spiegare il metodo naturalistico di Zola.

- Perché secondo lei questo romanzo è stato definito osceno?

- Zola usa questo romanzo per criticare?

- Quali metodi utilizza l'autore per essere il più obiettivo possibile?

- Secondo lei, perché Zola descrive ripetutamente le folle?

- In uno degli adattamenti cinematografici di *Nana*, Muffat uccide l'eroina. Cosa ne pensate di questo finale?

ULTERIORI LETTURE

EDIZIONE DI RIFERIMENTO

Zola, É. (2007) *Nana*. Trans. Rascoe, B. New York: Dover Publications, Inc.

STUDI DI RIFERIMENTO

Horne, E. (2016) *Zola e i vittoriani: Censura nell'età dell'ipocrisia.* Londra: MacLehose Press.

Nelson, B. (2007) *The Cambridge Companion to Zola.* Cambridge: Cambridge University Press.

Schom, A. (1987) *Emile Zola: A Biography.* Londra: Queen Anne Press.

ADATTAMENTI

Nana. (1926) [Film]. Jean Renoir. Dir. Francia: Les Films Jean Renoir.

Nana (1934) [Film]. Dorothy Arzner e George Fitzmaurice. Regia. USA: Samuel Goldwyn Productions.

Nana (1944) [Film]. Roberto Galvadón e Celestino Gorostiza. Regia. Messico: Producciónes Grovas.

Nana (1955) [Film]. Christian-Jaque. Dir. Francia/Italia: Cigno Film, Les Productions Jacques Roitfeld.

Nana. (1983) [Film]. Dan Wolman. Dir. Italia: Gruppo Cannon.

Nana. (2001) [Film]. Édouard Molinaro. Dir. Francia: France 2, GTV.

Vogliamo sapere da voi!
Lasciate un commento sulla vostra biblioteca online
e condividete i vostri libri preferiti sui social media!

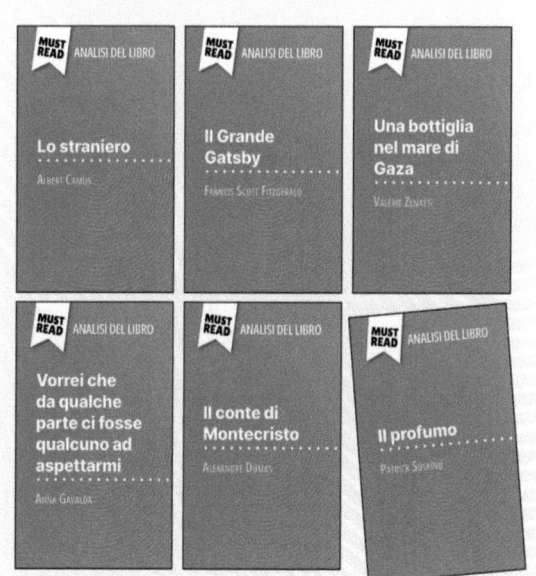

www.50minutes.com

Master ISBN: 9782808690812
ISBN cartaceo: 9782808612210
Deposito legale: D/2023/12603/1501

Copertura: © Primento

Concezione digitale a cura di Primento, il partner digitale degli editori.